Helmut Spiegel

Unser Mutter stochte, bis die Suppe kochte

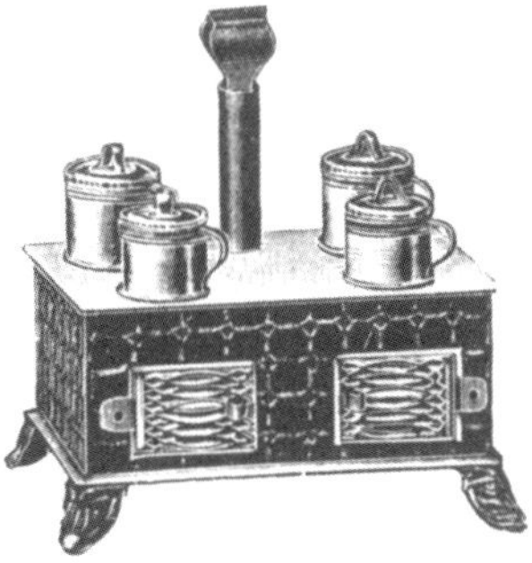

Lieder, Rezepte und Geschichten aus der alten Ruhrgebietsküche

Henselowsky Boschmann

Helmut Spiegel, geboren 1932 in Essen,
Autor des Ruhrgebiets-Bestsellers »Ich schäbiges Frikadellchen« und von »Das Bollerrad muss bollern, der Knicker, der muss rollern. Verlorene Kinderspiele – erzählt in Geschichten aus dem Ruhrgebiet«, arbeitete 35 Jahre als Redakteur bei der NRZ und WAZ. Er lebt seit 1962 in Witten und ist seit 1993 als Schriftsteller tätig.

Für meine Familie

Gerichtsstraße 1, 46236 Bottrop
E-Mail: post@ruhrig.de
1. Auflage 2005
ISBN 3-922750-59-1
Herstellung: Westermann Druck Zwickau GmbH

Abbildung auf dem Buchumschlag aus:
Sabine Reinelt, Puppenküche und Puppenherd,
© Kunstverlag Weingarten, 1985/2002

Abbildungen auf S. 9, 10, 13, 15, 17, 19, 21, 22, 24, 25, 27, 29, 31, 33 und 35 aus: Franz Feldens, Postkartengrüße und Lieder aus dem alten Essen, veröffentlich von der Neuen Ruhr Zeitung (NRZ), 1962

Abbildungen auf 39, 44, 46, 47, 48, und 51 aus dem Stadtarchiv Witten

Die Küchenlieder ... 6

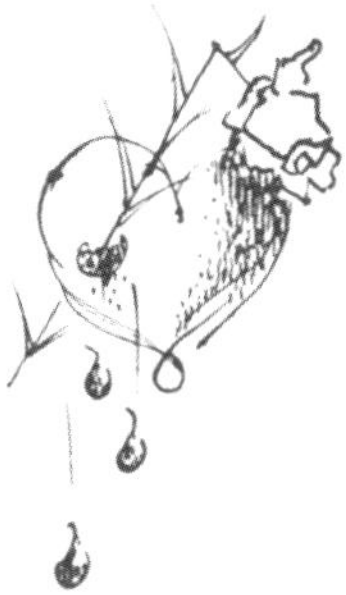

Mariechen saß weinend im Garten ... 12
Wer das Scheiden hat erfunden ... 14
Die Räuberbraut ... 16
Der Tod auf Schienen ... 18
Sabinchen ... 20
Ritter Ewald und seine Lina ... 22
Leise tönt die Abendglocke ... 24
Es ist traurig aber wahr ... 26
Das Polenmädchen ... 28
Die holde Gärtnersfrau ... 30
Das arme Mädchen ... 32
Das Bild der Mutter ... 34

Der Herd ... 36

Rezepte ... 52

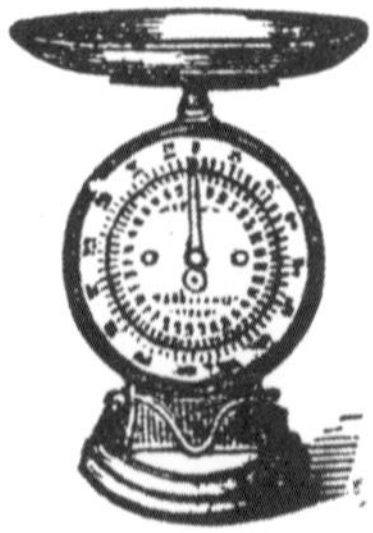

Stielmus ... 53
Pfefferpotthast ... 54
Brotsuppe ... 56
Eisbein mit Sauerkraut ... 58
Biersuppe ... 60
Erbsensuppe ... 62
Sauerbraten ... 64
Dicke Bohnen ... 66
Panhas ... 68
Soleier ... 70
Eingelegte Heringe ... 72
Schweinekotelett ... 74
Spiegeleier nach Henriette Davidis ... 75
Grünkohl ... 76
Steckrüben ... 77
Himmel und Erde ... 78
Mehlpuffer (im Ruhrgebiet »Püfferkes«) ... 80
Stippmilch ... 81
Tortenboden (Mürbeteig) ... 82
Napfkuchen 84
Buttercremtorte 86

Henriette Davidis ... 90

Braune Suppe von einem Hasengerippe
oder andern brauchbaren Knochen ... 92
Gebackene Sauerkrautreste ... 94
Kartoffelberg von Überresten ... 95

Die Küchenlieder

Ich bin mit Musik groß geworden. Nicht mit Klaviermusik wie etwa in einer gutbürgerlichen Familie. Das Musikinstrument meines Vaters, eines Maschinenschlossers, war eine Thüringer Waldzither. Dieses Instrument kennt heute kaum noch jemand. Es wurde zum Beispiel zur Zeit der Wandervogel-Bewegung gespielt, die nach 1933 von den Nazis in die Hitlerjugend vereinnahmt wurde. Die Wandervögel zogen mit Klampfen, Wimpeln, Kochtöpfen und Zelten in die freie Natur. Sie gingen »auf Fahrt«, aber zu Fuß.

Aus grauer Städte Mauern
zieh'n wir durch Wald und Feld.
Wer bleibt, der mag versauern.
Wir fahren in die Welt.

Sinn dieser »Fahrten« war es unter anderem, die blaue Blume der Romantik zu finden. Eine der Strophen in einem Fahrtenlied lautet:

Es blühet im Tale tief drinnen
die blaue Blume fein.
Diese zu gewinnen,
zieh'n wir in die Welt hinein.
Es rauschen die Wälder, es murmelt der Fluss.
Und wer die blaue Blume finden will, der muss
ein Wandervogel sein.

Und eine dieser Klampfen, zu deren Klängen die Wandervögel auf Fahrt gingen – Gitarren, Lauten,

Mandolinen,– war auch die Thüringer Waldzither. Sie wurde beim Spielen im Arm gehalten wie eine Mandoline.
Mein Vater spielte auf ihr aber keine Wanderlieder. Er spielte bei Familienfeiern auf, Lieder, die alle mitsingen konnten. Und vor allem Küchenlieder. Meine Mutter konnte alle diese Lieder auswendig. Sie hatte sie von ihrer Mutter gelernt.
Die Küchenlieder wurden früher bei der Küchenarbeit gesungen, einer Arbeit, die ohne moderne Küchengeräte verrichtet werden musste. Und auf den großen und kleinen Bauernhöfen des Ruhrgebietes war die Arbeit abends noch nicht beendet. Dann drehten sich in vielen Stuben, vor allem im Winter, die Spinnräder. Sie wurden mit dem Fuß angetrieben. Und was lag näher, als im Takt dazu zu singen. Selbstverständlich auch die Küchenlieder. Wie sagt Schiller in seinem Lied von der Glocke: »Wenn gute Reden sie begleiten, schreitet die Arbeit munter fort.« In diesem Fall muss man sagen: »Wenn gute Lieder sie begleiten ...«
Waren die Küchenlieder gut? Danach fragte wohl früher niemand. Die Küchenlieder stammen fast alle schon aus den Anfängen des 19. Jahrhunderts, wurden aber noch bis in die dreißiger Jahre des 20. Jahrhunderts gesungen. So auch in meiner Familie. Sie waren zum einen Teil Moritaten mit Mord und Totschlag, zum anderen Teil romantische Geschichten. Oder ist es etwa nicht romantisch, wenn ein Mann nach vielen Jahren seine große Liebe wieder findet,

die ihm einst ewige Treue geschworen hat und er jetzt feststellen muss, dass sie einen Ehering trägt? Das Wort Moritat ist wahrscheinlich dadurch entstanden, dass das Wort Mordtat beim leiernden Singen der Bänkelsänger, die mit ihren Bildertafeln von Marktplatz zu Marktplatz zogen, verballhornt wurde. Die Moritat berichtet fast immer von schrecklichen Ereignissen. Das ist auch bei den Küchenliedern so, die nur selten ein Happy End haben. Und da sie zumeist in Dreivierteltakt gesetzt sind, kann man sie so schön traurig heruntersingen. Mit etwas dichterischer Freiheit kann man aus dem Wort Moritat vielleicht auch das Wort Moral ableiten. Wie die Volksmärchen – das Rotkäppchen geht

allein in den Wald und wird dort vom bösen Wolf »angemacht« –, so haben auch die meisten Küchenlieder eine Moral, nämlich den erhobenen Zeigefinger für die jungen Mädchen: »Lasst euch nicht verführen von schnöder Jünglingshand!«
In den dreißiger Jahren lernte ich den Text von meiner Mutter und die Melodie von meinem Vater, der sie auf seiner Waldzither spielte.

Manche Küchenlieder waren so traurig, dass, wenn mein Vater sie auf Familienfeiern spielte und dem Alkohol schon kräftig zugesprochen worden war, so mancher Träne kullerte. Vater nannte sie respektlos »Schnapstränen«.
Der Volksmund sagt: »Mancher lernt es im Schlaf.« So muss es mir mit den Küchenliedern ergangen sein. Als kleines Kind – Siebenmonatskind, mein Vater sagte: »Der ist nicht ganz gar gebacken.« – war ich oft krank. Jede kleine Erkältung warf mich gleich um. Dann musste ich ins Bett. Fing ich im hohen Fieber an zu fantasieren, setzte sich meine Mutter, auch tief in der Nacht, zu mir ans Bett und versuchte, mich in den Schlaf zu singen. Und was sang sie? Küchenlieder. So verinnerlichte ich diese Lieder auch alle. Und als ich auf der Waldzither meines Vaters zu spielen gelernt hatte, spielte ich Küchenlieder.
Die Waldzither, heute eine Rarität, gibt es noch. Sie hängt bei mir zu Hause am Bücherschrank.

MA - RIE - CHEN SASS WEI-NEND IM GAR - TEN,
IM GRA-SE LAG SCHLUM-MERND IHR KIND.
MIT IH-REN SCHWARZ-BRAU-NEN LOK-
KEN ES SPIEL-TE DER A - BEND -
WIND. SIE WAR SO HOLD UND TRAU -
RIG, SO EIN - SAM, GEI-STER- BLEICH,
DIE WOL - KEN ZO - GEN SCHAU-RIG,
UND WEL - LEN SCHLUG DER TEICH.

Mariechen saß weinend im Garten

Mariechen saß weinend im Garten,
im Grase lag schlummernd ihr Kind.
Mit ihren schwarz-braunen Locken
es spielte der Abendwind.
Sie war so hold und traurig,
so einsam, geisterbleich.
Die Wolken zogen schaurig,
und Wellen schlug der Teich.

»Was schläfst du so süß und träumend,
du armes Kindelein.
Dein Vater hat uns verlassen,
dich und die Mutter dein.
Drum stürzen wir uns beide
in einen tiefen See.
Vorüber ist alles Leiden,
vorüber ist alles Weh.«

Da öffnet das Kind seine Augen,
schaut fragend die Mutter an,
als wollte es zu ihr sagen:
»Bin ich denn schuld daran?«
»Nein, nein, wir wollen leben,
wir beide, du und ich.
Deinem Vater sei alles vergeben,
so glücklich machst du mich!«

Da kam ein Reiter geritten,
ein Reiter hoch zu Ross
Der fiel Mariechen zu Füßen:
»Mariechen, vergib mir doch.
Reich mir die Hand, mein Liebchen,
komm auf mein Schloss mit mir.
Dort können wir glücklich leben,
und ewig bleib ich bei dir.«

Wer das Scheiden hat erfunden

Wer das Scheiden hat erfunden,
hat an Liebe nie gedacht,
sonst hätt' er die schönsten Stunden
mit der Liebe zugebracht.

»Meine Augen sind voll Tränen,
und mein Herz, das schwimmt in Blut.
Niemals kann ich dich vergessen,
denn du warst mir ja so gut.

Könnt ich dich noch einmal sprechen.
Könnt ich dich noch einmal seh'n,
würdest du, mein Allerliebster,
sicher niemals von mir geh'n.

Find'st du einst im fremden Lande
eine and're, die dich liebt.
Sag ihr nichts von meinem Herzen.
Sag ihr nur, du kanntest mich.

Stehst du einst an meinem Grabe,
deckt mich kühle Erde zu,
denk, was ich gelitten habe.
Gönne mir die ew'ge Ruh!«

IN EI-NEM STÄDT-CHEN, IN EI-NEM STIL-LEN
TA - LE, DA STAND EIN MÄD-CHEN AN
EI-NEM WAS-SER- FAL - LE. SIE WAR SO
JUNG, SO SCHÖN WIE MILCH UND BLUT. VON HER-ZEN
WAR SIE EI -NEM RÄU - BER GUT. SIE WAR SO
SCHÖN, SO SCHÖN WIE MILCH UND BLUT. VON HER-ZEN
WAR SIE EI-NEM RÄU - BER GUT.

Die Räuberbraut

In einem Städtchen, in einem stillen Tale,
da stand ein Mädchen an einem Wasserfalle.
Sie war so jung, so schön wie Milch und Blut.
Von Herzen war sie einem Räuber gut.

»Du armes Mädchen, du dauerst meiner Seele.
Komm mit zu mir in meine Räuberhöhle.
Dort wirst du sorgenlos und glücklich sein.
Ich aber muss jetzt in den Wald hinein.

Nimm diesen Ring, und sollte man dich fragen,
so sprich, ein Räuber habe ihn getragen.
Der dich geliebt, geliebt bei Tag und Nacht.
Und der so viele Menschen umgebracht!«

Im dunklen Walde sah man die Schwerter
blitzen.
Und sah den Räuber tot vom Pferde stürzen.
Sie gruben unter einer Eich' ein Grab
und senkten ihn und auch sein Pferd hinab.

In einem Städtchen, in einem tiefen Tale,
da stand ein Mädchen an einem Wasserfalle.
Sie war so schön, schneeweiß und rosenrot.
An ihrer Brust das arme Kind war tot.

Der Tod auf Schienen

Ihr Jungfern, hört die Schreckenskunde,
die sich zutrug in unserer Stadt,
verpflanzet sie von Mund zu Munde,
was falsche Lieb für folgen hat.

Es war ein Mädchen, jung an Jahren,
verführt durch Männerschmeichelei.
Sie musste schon so früh erfahren,
dass sie bald eine Mutter sei.

Die Eltern hatten's bald erfahren.
Das Mieder wurde ihr zu klein.
Der Vater riss sie bei den Haaren.
Sie sollt' und musst' verstoßen sein.

Vom Elternhause ganz verstoßen,
ging sie am Sonntag weit hinaus.
Sie hatt' in ihrem Herz beschlossen,
nie heimzukehr'n ins Elternhaus.

Sie ging von Bottrop bis nach Essen.
Und dort in Karnap an der Bahn
tat sie ihr Haupt auf Schienen legen,
bis dass der Zug aus Gladbeck kam.

Der Lokführer hat's wohl gesehen.
Und bremste mit gewalt'ger Hand.
Jedoch der Zug, er blieb nicht stehen.
Ihr junger Kopf rollt' in den Sand.

Dem Zug entstiegen zwei Studenten.
Der eine bleich von Angesicht.
Und als er da die Leich' erblickte,
da sprach er: »Nein, das wollt' ich nicht«.

Die Schüler dann aus Bottrop kamen
und nahmen sich der Leiche an.
Sie taten sie so schön begraben,
weil sie 's aus Liebe hat getan.

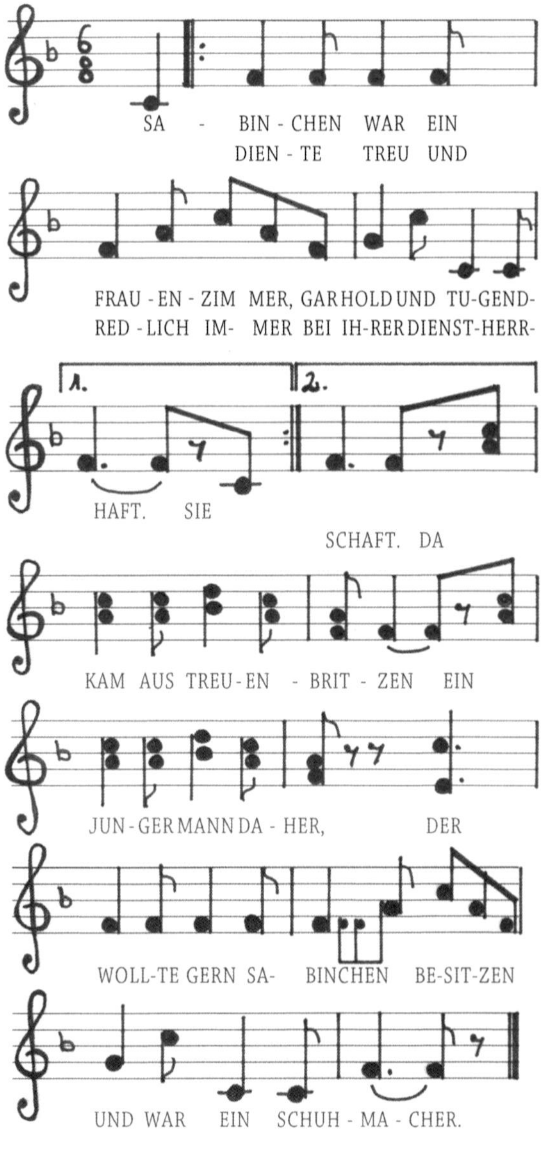
SA - BIN - CHEN WAR EIN
DIEN - TE TREU UND
FRAU - EN - ZIM MER, GAR HOLD UND TU-GEND-
RED - LICH IM- MER BEI IH-RER DIENST-HERR-
1.
2.
HAFT. SIE
SCHAFT. DA
KAM AUS TREU-EN - BRIT - ZEN EIN
JUN - GER MANN DA - HER, DER
WOLL-TE GERN SA- BINCHEN BE-SIT-ZEN
UND WAR EIN SCHUH - MA - CHER.

Sabinchen

Sabinchen war ein Frauenzimmer,
gar hold und tugendhaft,
sie diente treu und redlich immer
bei ihrer Dienstherrschaft.
Da kam aus Treuenbritzen
ein junger Mann daher,
der wollte gern Sabinchen besitzen
und war ein Schuhmacher.

Sein Geld, das hat er stets versoffen
in Schnaps und auch in Bier,
da kam er zu Sabinchen geloffen
und wollte welches von ihr.
Sie konnt' ihm keines geben,
da stahl sie auf der Stell'
von ihrer guten Dienstherrschaft
sechs silberne Teelöffel.

Jedoch nach achtzehn Wochen,
da kam der Diebstahl raus,
da jagte man mit Schimpf und Schande
Sabinchen aus dem Haus'.
Sie rief: »Verfluchter Schuster,
du rabenschwarzer Hund!«
Da nahm er gleich sein Schustermesser
und schnitt ihr ab den Schlund.

Das Blut zum Himmel spritzte,
Sabinchen fiel gleich um.
Der böse Schuster aus Treuenbritzen,
der stand um sie herum.
In einem dunklen Kellerloch,
bei Wasser und bei Brot,
da hat er endlich eingestanden,
die grausige Moritot.

IN DES GAR - TENS DUNK-LER
LAU - BE SA-SSEN BEI-DE HAND IN
HAND; RIT-TER E - WALD MIT DER LI - NA
SCHLOS-SEN BEID' EIN FE-STES BAND,
RIT-TER E - WALD MIT DER LI - NA
SCHLOSSEN BEID' EIN FE-STES BAND.

Ritter Ewald und seine Lina

In des Gartens dunkler Laube
saßen beide Hand in Hand;
Ritter Ewald mit der Lina
schlossen beid' ein festes Band.

»Teure Lina«, sprach er tröstend,
»Liebe, lass das Weinen sein.
Eh' die Rosen wieder blühen,
werd' ich wieder bei dir sein.«

Und das Jahr war kaum verflossen.
Als die Rosenknospe brach,
schlich sich Ewald in den Garten,
wo er sie zum letzten sprach.

Und was sah er?
In der Ferne hob ein Grabeshügel sich.
Und in Marmor stand die Inschrift:
»Lina lebt nicht mehr für dich.«

Da stand er betrübt und traurig:
»Ist das hier der Liebe Lohn?
Ich Geliebte bin gekommen,
finde dich im Grabe schon.«

Ritter Ewald zog ins Kloster,
legte Schwert und Panzer ab.
In des Gartens dunkler Laube
gruben Mönche bald sein Grab.

LEI - SE TÖNT DIE A-BEND-GLOK-KE, DIE NA-
TUR, SIE GEHT ZUR RUH. VÖG-LEIN SANGEN AB-SCHIEDS-
LIE-DER, SON-NE SANK NACH WES-TEN ZU.

Leise tönt die Abendglocke

Leise tönt die Abendglocke.
Die Natur, sie geht zur Ruh.
Vögel sangen Abschiedslieder.
Sonne sank nach Westen zu.

Durch das Kloster gehet leise
eine Nonn' in schwarzer Tracht.
Beten will sie für den Krieger,
der gefallen in der Schlacht.

Leise klopft es an die Türe.
Ein alt Mütterlein tritt ein.
»Liegt mein Sohn hier
schwer verwundet?
Möchte seine Pfleg'rin sein.«

»Arme Mutter«,
spricht die Nonne,
»euer Sohn, der lebt nicht mehr.
Eben hat er ausgelitten.
In der Schlacht für's Vaterland.«

Und die Mutter tritt an's Bette,
hebt das Leichentuch herab.
Einen Schrei,
und sie sank nieder.
Gräber gruben für zwei ein Grab.

LIES-CHEN WAR DAS SCHÖN-STE
MÄD-CHEN WOHL IM GAN – ZEN
LAND. EI - NEN JÜNG-LING
AUS DEM STÄDT-CHE N HAT SIE GUT GE-
KANNT. JA, JA, JA, ACH
JA, S'IST TRAU-RIG A -BER WAHR,
NEIN, NEIN, NEIN, ACH NEIN, VON EIN-MAL DA
KANN ES NICHT SEIN.

Es ist traurig aber wahr

Lieschen war das schönste Mädchen
wohl im ganzen Land.
Einen Jüngling aus dem Städtchen
hat sie gut gekannt.
Ja, ja, ja, ach ja, ’s ist traurig aber wahr,
nein, nein, nein, ach nein,
von einmal, da kann es nicht sein.

»Lieschen, deine Wangen bleichen!«,
sprach die Mutter einst.
»Kind, das sind sehr böse Zeichen.
Sprich, warum du weinst?«
Ja, ja, ja, ach ja, …

»Wickele das Kind in Windeln,
bring’s dem Jüngling hin.
Schreib dazu: Als Angebinde,
weil ich die Mutter bin.«
Ja, ja, ja, ach ja, …

Eine rote Blumendecke
ziert jetzt Lieschens Grab.
Der Verführer steht von Ferne
und bereut die Tat.
Ja, ja, ja, ach ja, …

Drum, ihr Mädchen, lasst euch sagen:
Traut den Männern nicht;
denn sie wollen euch verführen.
Weiter woll’n sie nichts!
Ja, ja, ja, ach ja, …

Das Polenmädchen

In einem Polenstädtchen,
da wohnte einst ein Mädchen,
das war so schön.
Sie war das allerschönste Kind,
das man in Polen find.
»Aber nein, aber nein«, sprach sie,
»ich küsse nie.«

Ich führte sie zum Tanze,
da fiel aus ihrem Kranze
ein Röslein rot.
Ich hob es auf vor ihrem Fuß,
bat sie um einen Kuss.
»Aber nein, aber nein«, sprach sie,
»ich küsse nie.«

Und als der Tanz zu Ende,
da reicht' sie mir die Hände
zum letzten Gruß.
»Komm her, du stolzer Grenadier,
nimm diesen Kuss von mir.
Vergiss Maruschka nicht,
das Polenkind!«

In einem kleinen Teiche
da fand man ihre Leiche.
Die war so schön.
Sie hielt 'nen Zettel in der Hand,
auf dem geschrieben stand:
Ich hab einmal geküsst
und schwer gebüßt.

Im Ruhrgebiet hat man die letzte Strophe etwas drastischer umgedichtet. Da lautet sie:

In einem kleinen Teiche
da fand man ihre Leiche.
Die war so tot.
Sie hielt 'nen Zettel in der Hand,
auf dem geschrieben stand:
Ich hab's einmal probiert
und bin krepiert.

Die holde Gärtnersfrau

Müde kehrt ein Wandersmann zurück,
nach der Heimat seiner Liebe Glück.
Doch bevor er tritt in Liebchens Haus,
kauft er für sie den schönsten Blumenstrauß.

Und die Gärtnersfrau, so hold, so bleich,
tritt ans Blumenbeete hin sogleich.
Doch bei jeder Rose, die sie bricht,
rollen Tränen ihr vom Angesicht.

»Warum weinst du, holde Gärtnersfrau,
weinst du um das Veilchen dunkelblau,
oder um die Rose, die du brichst?« –
»Ach nein, um dieses alles wein ich nicht.

Ich beweine den Geliebten mein,
der gezogen in die Welt hinein,
dem ich ew'ge Treu versprochen hab,
die ich als Gärtnersfrau gebrochen hab.«

»Warum brachst du den geschworenen Eid?
Warum wurd'st du untreu vor der Zeit?
Du hast meinen Worten nicht geglaubt,
hast uns're Liebe nur auf Sand gebaut.

Liebe hast du nicht für mich gehegt.
Aber Blumen hast du stets gepflegt.
Drum so gib mir, holde Gärtnersfrau,
einen Blumenstrauß voll Tränentau.

Mit dem Blumenstrauße
in der Hand
will ich wandern durch das
ganze Land,
bis der Tod mein müdes
Auge bricht.
Leb wohl, leb wohl und,
nein, vergiss mich nicht!«

Das arme Mädchen

An einem Fluss, der rauschend schoss,
ein armes Mädchen saß.
Aus ihren blauen Äuglein floss
manch Tränlein in das Gras.

Ein reicher Herr gegangen kam
und sah des Mägdleins Schmerz,
sah ihren Kummer, ihren Gram.
Und das brach ihm sein Herz.

»Was trauerst armes Mädchen du,
was weinst du so sehr?
Sag deiner Tränen Ursach' mir.
Kann ich, so helf ich dir.«

»Ach, guter Herr«, sprach sie und sah
mit trübem Aug' ihn an.
»Ich bin ein armes Mägdelein,
dem Gott nur helfen kann.

Denn sieh, dort jene Rasenbank
ist meiner Mutter Grab.
Und ach, vor wen'gen Tagen sank
mein Vater hier hinab.

Der wilde Strom riss ihn dahin.
Mein Bruder sah's und sprang
ihm nach. Da fasst der Strom auch ihn,
und ach, auch er ertrank.

Wenn ich armes Waisenkind
nun einmal Rasttag hab,
eil ich zu diesem Strom hinab
und weine mich recht satt!«

»Sollst nicht mehr weinen, liebes Kind.
Ich will dein Vater sein.
Du hast ein Herz, das es verdient.
Du bist so gut und rein.«

Er tat's und nahm sie in sein Haus,
der gute reiche Mann.
Zog ihr die Trauerkleider aus
und zog ihr schön're an.

Sie saß an seinem Tisch
und trank
aus einem Becher satt.
Du guter Reicher, habe Dank
für deine ed'le Tat.

Das Bild der Mutter

Es wollt' ein Mann in seine Heimat reisen.
Er sehnte sich nach seinem Weib und Kind.
Aber nein, aber nein, er muss den Wald durchstreifen,
als plötzlich ihn ein Räuber überfiel.

»Gib her dein Geld, dein Leben ist verloren!«
Den Dolch setzt er auf seine Brust ihm hin.
»Gib her dein Geld, sonst muss ich dich durchbohren!
Ich morde dich, so wahr ich Räuber bin!«

»Ich hab' kein Geld, kann dir auch nichts geben,
von Gold und Reichtum ist mir nichts bewusst.
Nimm hin mein Leben, will dir's gerne geben.
Ich öffne dir zum Stoße selber meine Brust.«

Da blieb der Räuber eine Weile stehen
und sprach: »Zum Morden hab ich keine Lust.
Ach, aber ach, was muss ich bei dir sehen,
was trägst du da auf deiner bloßen Brust?«

»Es ist das Bild von meiner Mutter Treue.
Es ist das Bild von meines Vaters Haus!« –
»Ich aber muss als Räuber vor dir stehen.
Verzeih' mir, Bruder, ich hab's nicht gewusst!

Zwölf Jahre haben wir uns nicht gesehen.
Zwölf Jahre haben wir uns nicht gekannt,
und ich muss jetzt als Räuber vor dir stehen,
der nach dem Bruder ausstreckt seine Hand!«

Im tiefen Schmerz umarmen sie sich beide,
»Verzeihen? Ach, es ist schon längst gescheh'n.« –
»Verzeih' mir, wir sehen uns nicht wieder.
In fremden Ländern soll's mir besser geh'n.«

Der Herd

Zu der Zeit, in der die Küchenlieder gesungen wurden, war der Kohleherd die wichtigste »Küchenmaschine« der Hausfrau und ihrer Helferinnen. So wurde der Herd, nachdem er etwas moderner und auch ansehnlicher geworden war, auf dem westfälischen Lande, also auch im ländlichen Ruhrgebiet, »Kochmaschine« genannt.
In den kleinen Arbeiterwohnungen wurde der Herd bald zum Aushängeschild jeder guten Hausfrau. Denn man arbeitete ja nicht nur in der Küche, man wohnte auch in ihr.
Der Herd, bald mit Nickel-Blenden und -Stangen verziert, wurde gepflegt, damit er gut funktionierte, und geputzt, damit er sauber glänzte. Besonders die große Herdplatte, die zunächst aus Gusseisen, später aus Stahl bestand, wurde mindestens einmal in der Woche blank gescheuert. Noch meine Mutter sagte in den dreißiger Jahren: »So, jetzt werde ich den Herd wienern, bis er glänzt wie ein Affenpopo im Mondenschein.« Das war für die Hausfrau Knochenarbeit.
Man stelle sich das heute vor! Das Feuer im Herd musste ja jeden Tag neu angezündet werden, um auf ihm das Essen zu kochen. Auch im Hochsommer, bei 28 Grad im Schatten. Im Winter wurde der Herd sehr früh am Morgen »angemacht«. Denn er war ja auch gleichzeitig der Ofen, der die Wohnküche heizte.
Der Herd hatte eine so genannte Feuerkiste, in der die Kohlen unmittelbar unter der Herdplatte glühten. Darunter war eine Klappe angebracht, die man

aufziehen konnte. Mit ihr konnte man die Luftzufuhr zu dem Rost regeln, auf dem das Feuer brannte. Unter dieser Luftklappe wiederum befand sich ein Schubfach, in das durch den Rost die Asche fiel. Unter diesem Aschenkasten gab es eine rechteckige Aussparung, in der der Kohlenkasten auf Rollen auf dem Fußboden stand. Darin steckte die Kohlenschüppe, die mit ihrem Stiel aus dem Kohlenkasten herausschaute. Auf der rechten Seite befand sich der große Backkasten, der mit einer Klappe geöffnet werden konnten. Unter dem Backkasten war ein kleines Fach, ebenfalls mit einer Klappe, in der das fein gehackte Anmachholz trocken aufbewahrt wurde Die Bergleute waren Meister des Holzhackens. Sie brachten von der Zeche die »Mutterklötzchen« mit. Das waren von alten, ausgedienten Grubenstempeln abgesägte Klötze, von denen die Bergleute zu Hause mit dem Beil ebenmäßige Stäbchen abhacken konnten, die Mutter dann zum Herdanzünden benutzte.

Viele Hausfrauen mischten Kohlengrus unter die Kohle. Der war billiger zu haben als die normale Kohle. Der Grus wurde nass gemacht, damit er mit der Kohle zusammenbackte, sonst wäre er gleich durch den

Rost gefallen. Das Naßmachen besorgten Mütter mit Kleinkindern vielfach auf besondere Weise. Vor dem Mittagschläfchen wurde das Kind »abgehalten«. Das heißt, es sollte, fast auf Kommando, Pipi machen. Das ging dann nicht immer so schnell und wurde zu einem mühsamen Geschäft, wenn sich das Klo auf der Zwischenetage oder gar auf dem Hof befand. Für diese Fälle hatte die Mutter eine Patentlösung. Sie hielt das Kind über dem Kohlenkasten ab und machte »psch, psch, psch«, so lange, bis der Sprössling das Geschäft erledigt hatte. »Fein gemacht!«, lobte dann die Mutter und steckte den Nachwuchs ins Bett.

An drei Seiten des Herdes, er stand ja mit dem Rücken zur Wand vor dem Kamin, lief an der Oberkante eine blanke Stange herum. Sie verhinderte nicht nur, dass man dem Herd beim Kochen zu nahe kam und sich verbrannte, an ihr wurden auch Küchentücher zum Trocknen aufgehängt. An dieser Stange hing aber auch das Stocheisen, im Ruhrgebiet auch Prockeleisen genannt, mit dem man von der Luftklappe aus durch den Rost das Feuer gut anfachen konnte, wenn sich dort Kohlenschlacke angesetzt hatte.

Im Ruhrgebiet wurde das Stochen, eigentlich Stochern, bald zum Begriff für Heizen überhaupt. Wenn es kalt in der Küche war, dann sagte die Hausfrau: »So, jetzt wird erstmal ordentlich gestocht!«

Auf der Hinterseite des Herdes war der »Aufsatz« angebracht. Das war ein vernickeltes oder später verchromtes Gestell mit Haken für die Topflappen und einem regalähnlichen Gitterbord, auf dem man die blank gewienerten Töpfe nebst Wasserkessel abstellen konnte. Dieser Aufsatz war ein Luxusteil, das noch lange nicht jeder Kochherd hatte.

Handtücher hingen in der Küche an einem hölzernen Handtuchhalter mit Haken. Am Kopf des Handtuchhalters befand sich eine hölzerne Stange, die man seitlich abklappen konnte, um an die Handtücher zu gelangen. An der Stange hing in einer Schaube das feine Überhandtuch, das so die übrigen Handtücher verdeckte. Das Überhandtuch war ein Schmuckstück, oft bestickt und mit sinnvollen oder launigen Sprüchen versehen. Ein solcher Spruch lautete zum Beispiel: »Eigener Herd ist Goldes wert.«

Die Asche aus dem Aschenkasten unter der Feuerstelle des Herdes wurde draußen in die Aschentonne geworfen. Im Winter konnte man sie zum Streuen benutzen. Die Aschentonnen – sie hießen damals nicht Mülltonnen – waren aus Metall. Der Hausmüll wurde zum größten Teil im Herd verbrannt, auch die Küchenabfälle, soweit sie nicht an die Kaninchen oder die Ziege, im Ruhrgebiet Bergmannskuh genannt, verfüttert wurden. Wir kennen heute die

Schilder an unseren Plastiktonnen. »Keine heiße Asche einfüllen!« Die Männer von der Müllabfuhr hießen denn auch Aschenmänner. Nach Neujahr klingelten sie an den Haustüren und riefen in den Flur hinein: »Die Aschenmänner wünschen ein frohes neues Jahr!« Dann kamen die Hausfrauen aus ihren Wohnungen und drückten ihren Aschenmännern ein paar Groschen Trinkgeld in die Hand.
Später, auch an unserem Herd, hing noch ein zweites Eisen, mit dem man bequemer als mit der kleinen Zunge des Stocheisens die Ringe aus der Herdplatte heben konnte. Mein Vater nannte dieses Eisen die »kalte Hand«.

Die Ringe in der Herdplatte unmittelbar über der Feuerkiste waren ein wichtiger Bestandteil des Herdes. Mit Hilfe der Ringe – es gab ja keine Hitzeregelungen wie an den heutigen Elektro- oder Gasherden – wurde die Hitzezufuhr auf Töpfe und Pfannen geregelt. Brauchte die Hausfrau viel Hitze, so hob sie, je nach Bedarf, Ringe aus der Herdplatte, so dass Topf oder Pfanne auf dem offenen Feuer stand.
Was es später für Arbeit kostete, Töpfe und Pfannen, die auf offenem Feuer gestanden hatten, wieder zu reinigen, kann man sich heute kaum noch vorstellen. Das mühsame Saubermachen galt besonders für das schwere, runde Waffeleisen, das aus Gusseisen gefertigt war. Es war nämlich nach dem Backen auf dem offenen Feuer auf beiden Seiten rußgeschwärzt.

Für das Waffelbacken mussten die Hausfrauen so viele Ringe aus der Herdplatte nehmen, dass sich die eigentliche Waffelform, die auf einer Mittelachse in einem schweren Rahmen hing, über dem offenen

Herdfeuer drehen lassen konnte. Glaubte die Hausfrau, dass die Waffel auf der Unterseite gar gebacken sei, tickte sie, mit Fingerspitzengefühl, das Waffeleisen auf einer Seite mit der »kalten Hand« so an, dass es sich auf die andere Seite drehte. Denn die Waffel wurde ja nicht, wie in unseren modernen Geräten, auf beiden Seiten gleichzeitig gebacken. Für das Umdrehen musste die Hausfrau mit ihrer Erfahrung den richtigen Zeitpunkt wählen.
Gerne habe ich bei meiner Oma zugeschaut, wenn sie auf dem Herd Waffeln backte. Da war nicht nur die Aussicht auf den späteren Genuss. Ich wartete vor allem immer auf den Moment, in dem Oma das Waffeleisen umtickte. Dann blitzte aus dem offenen Herd ein Feuerschein auf, der jedes Mal oben an der Küchendecke einen hellen Lichtfleck erzeugte.
Für das Backen des Eiserkuchens (Eisenkuchens), im Ruhrgebiet Neujährkes genannt, brauchte man auch ein Eisen über dem offenen Feuer. Es sah aus wie eine große Schmiedezange, an deren Griffenden sich die runden oder rechteckigen Backformen befanden.

Kindern bescherte die heiße Herdplatte in der Weihnachtszeit eine besondere Freude, wenn der Vater (man durfte es auf keinen Fall selbst tun) einige vom Baum abgefallene Tanennadeln aufsammelte, in der Küche das Licht ausmachte und die Tannnennadeln auf die Herdplatte streute. Dann verglühten sie und leuchteten dabei auf wie Glühwürmchen in einer warmen Sommernacht.

Große Hitze brauchte die Hausfrau zum Beispiel, wenn im Spätsommer und Herbst der große Einkochkessel auf dem Herd stand, in dem sich die Einweckgläser befanden. Dann wurde ordentlich gestocht.
Dieser große Kessel wurde auch gebraucht, wenn man einmal in der Woche, natürlich am Samstag, das Badewasser heiß machen musste. Die meisten Arbeiterwohnungen im Ruhrgebiet hatten damals keine Badezimmer. Gebadet wurde in der Küche in der Zinkbadewanne, die zwei Henkel hatte und in der ein Erwachsener so eben mit angezogenen Knien sitzen konnte.
Diese Badewannen waren eine Standardausrüstung. Aber wo ließ man sie, wenn man sie nicht brauchte? Da gab es in den großen Backsteinmietshäusern eine einfache Lösung. Man hängte sie auf der Rückseite des Hauses an der Außenwand an einen Haken unter ein Fenster. Wenn ich als Kind in den dreißiger Jahren mit meiner Mutter mit der Eisenbahn durch das Revier fuhr, sah ich an den Häusern immer noch reihenweise diese Wannen hängen.
Die Hitzeregelung war für die Hausfrau auf dem Herd nicht so einfach. Man erreichte sie, indem man den Topf, brauchte man weniger Hitze, von der Feuerstelle weg in Richtung Backofen auf die Herdplatte setzte. Denn wenn man nicht richtig aufpasste, war das Essen schnell angebrannt. Davon zeugt folgende Anekdote:
Ein Witwer hatte wieder geheiratet. Und seine neue Frau kochte nun für ihn. Aber was die Frau auch

kochte, immer maulte der Mann: »Das ist nicht der Geschmack meiner Seligen!« So ging das Tag für Tag. Eines Tages ließ die neue Frau das Essen aus Versehen anbrennen. Sie bracht es trotzdem auf den Tisch. Der Ehemann strahlte nach dem ersten Bissen über das ganze Gesicht: »Endlich der Geschmack meiner Seligen!«

Besonders für das Backen in einem Kohleherd brauchte die Hausfrau Erfahrung und Fingerspitzengefühl. Wie gesagt. Es gab keine Hitze- und Zeitregelungen wie an unseren modernen Herden, die ja fast schon alles alleine machen.

Was die Zeitregelung angeht, so gab es in alten katholischen Haushalten eine verlässliche Methode:

Weiches Frühstücksei =
zehn Ave Maria lang kochen lassen

Kuchenteig anrühren =
(je nach Beschaffenheit des Kuchens) zehn oder
zwanzig Vaterunser lang rühren

Mit der Hand musste die Hausfrau in den Backkasten hineinfühlen, um die richtige Temperatur zu erfahren. Wie oft habe ich meine Mutter sagen hören, wenn sie die Hand in den Backkasten steckte: »Nein, muss noch etwas haben!«

Ob der Kuchen gar gebacken war, ermittelte sie mit Hilfe einer Stricknadel. Mit der stach sie in den Kuchen im Backofen. Blieben an der Stricknadel keine Teigkrümel mehr hängen, war der Kuchen gar.
Einmal war ihr ein Tortenboden knochenhart geworden, weil sie das Backpulver vergessen hatte. Was machte meine Mutter, die mit großem Ruhrgebietshumor gesegnet war? Sie holte ein Brennholzstäbchen aus dem Holzkasten und fuhr mit dem Tortenboden in der Wohnküche Bollerrad.

Henriette Davidis, die in Wengern gegenüber von Witten geborene Kochbuchautorin von der Ruhr, gab ihren Schülerinnen auch praktische Küchentipps. Folgender betraf die »Anwendung des Herdes«. Sie schrieb:

»Bei Anwendung eines Herdes mit nur einer Feuerung wird der Bratofen (oder Backofen) leicht etwas ungleichmäßig erhitzt. In diesem Falle muss die Pfanne oder das Kuchenblech durch Backsteine, mit denen man den Ofen auslegt, erhöht werden, damit die schädliche Einwirkung zu großer Hitze von unten vermieden wird.«

Backsteine in der Backröhre konnten aber noch eine andere Aufgabe erfüllen. Sie wurden im Winter ungefähr zwei Stunden vor dem Schlafengehen dort hineingelegt. Schon im Schlafanzug oder meistens im Nachthemd (auch für Männer) holte man sie heraus, umwickelte sie mit einem Küchenhandtuch und benutzte sie im Bett in dem selbstverständlich ungeheizten Schlafzimmer als Fußwärmer. Das Feuer im Herd wurde abends nicht gelöscht. Man ließ es einfach ausbrennen.

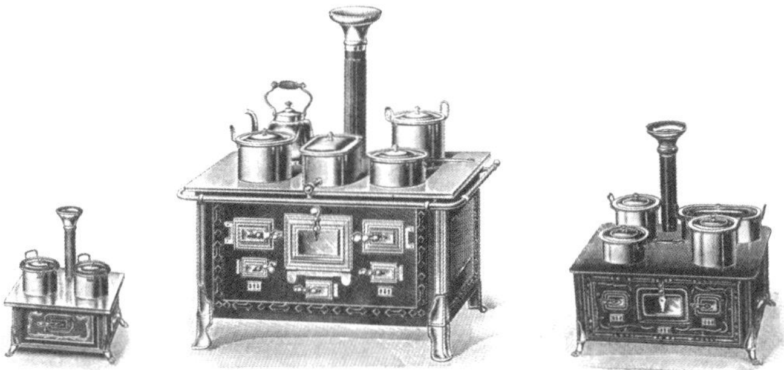

Kochherde, die mit Gas zu heizen waren, gab es schon sehr früh. So können wir aus der siebenundvierzigsten Auflage des Kochbuches von Henriette Davidis, 1913 überarbeitet von Luise Holle, zitieren:

»Die Gasherde mit zwei Hähnen für jede Flamme, einen für die große und einen für die kleine Stichflamme, ermöglichen es (das Kochen) auch bei nicht

zuverlässigen Dienstboten, da die Reglung durch die Anordnung sehr vereinfacht wird.«
Gas war für die Hausfrau, wenn einmal die Leitungen vorhanden waren, verhältnismäßig billig zu bekommen. Es handelte sich damals nicht wie heute um Erdgas, sondern um Kokereigas, das bei der Herstellung von Koks gewonnen wurde.
Die Hausfrau erhielt das Gas, wenn sie in einen kleinen Automaten in ihrer Wohnung oder im Keller eine so genannte Gasmünze einwarf, die man kaufen konnte. Wie bei einer heutigen Parkuhr die Zeit, gab der Automat pro Münze ein gewisses Kontingent an Gas frei. So gab es für den Gaslieferanten, zum Beispiel in einem großen Mietshaus, keine komplizierten Abrechnungen.
Ungefährlich war das Betreiben des Gasherdes trotz der vorgeschalteten Stichflamme, mit der die große Kochflamme entzündet wurde, im 19. Jahrhundert und auch noch zu Beginn des 20. Jahrhunderts dennoch nicht. Es gab noch keine Sicherheitsvorrichtungen wie an den modernen Gasherden. Blies zum Beispiel ein Windstoß an einem allein gelassenen Gasherd die oben erwähnte Stichflamme, mit der die Hausfrau die Kochflamme noch nicht entzündet hatte, aus, strömte das Gas ungehindert und unbemerkt aus der Düse. Das geschah immer wieder einmal. Dann gab es gefährliche Vergiftungen oder gefährlichere Explosionen.
Auch Selbstmorde durch Einatmen von Gas wurden immer wieder bekannt. Dazu gab es damals, als die

Kumpels ihren Lohn noch wöchentlich in der Lohntüte bekamen, und dann erst mal einen trinken gingen – manchmal eben auch weit über den Durst – im Ruhrgebiet einen makaberen Witz. Sagt die Ehefrau zu ihrem Mann:
»Wenne nochma mitte Lohntüte aufn Tralla gehst, geh ich mitte Kinder am Gas!«

Die Rezepte

Stielmus

Stielmus, auch Rübstiel genannt, gibt es nur in Westfalen und im Rheinland. Dort ist das Stengelgemüse mit dem feinen, säuerlichen Geschmack sehr beliebt.

Verwendet werden nur die jungen zarten Blattstiele und Blätter der weißen Rübenart. Die Rübenblätter werden von den Stielen gestreift und in Bündel zusammengefasst, dann gut gewaschen und gründlich abgetropft. Die Blätter werden ganz fein geschnitten und in Salzwasser blanchiert. In einer Kasserolle wird etwas Butter zerlassen, darin wird eine fein gehackte Zwiebel glasig angebraten und dann mit etwas heißer Fleischbrühe abgelöscht. Nun kommen die blanchierten Rübstielblätter hinein. Sie werden mit Salz und weißem Pfeffer abgeschmeckt, dann schnell und kurz bei geschlossenem Deckel gedämpft, bis sie weich sind. Zum Schluss bindet man sie mit einer Mehlschwitze oder mit etwas Speisestärke. Dazu werden Salzkartoffeln gegessen. Man kann Stielmus aber auch mit Kartoffeln als Eintopfgericht kochen.

Stielmus gehörte in allen Kleingärten des Ruhrgebietes zu den beliebtesten Frühjahrsgemüsen.

Pfefferpotthast

Für 4 Personen:
1 kg Hesse oder Bug vom Rind
50 g Schmalz
Salz, Pfeffer
1 kg Zwiebeln
2 Lorbeerblätter
2 Nelken
2 Pimentkörner
Pfefferkörner, schwarz
2 EL Kapern
2 EL Zitronensaft
etwas abgeriebene Schale von 1 Zitrone
2 EL Semmelbrösel

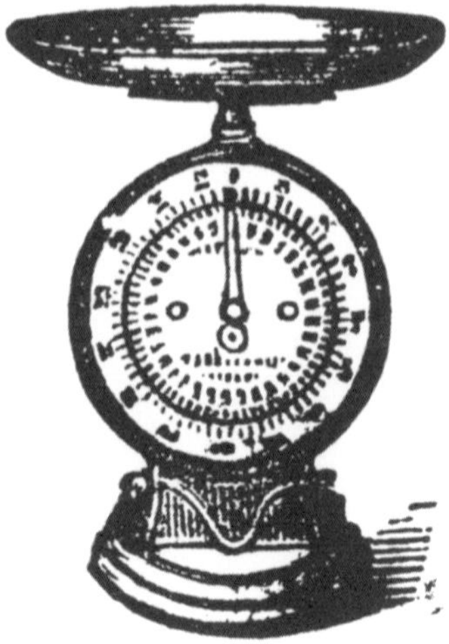

Das Fleisch würfeln und von allen Seiten in Schmalz kräftig anbraten, salzen, pfeffern und aus dem Topf nehmen.
Die Zwiebeln in Ringe schneiden und in den Topf geben.
Im Bratenfett so lange braten, bis die Zwiebeln glasig sind.
Das Fleisch, die Lorbeerblätter, Nelken, Piment- und Pfefferkörner zu den Zwiebeln geben und mit ungefähr 1 Liter Wasser oder Brühe soweit auffüllen, bis alles leicht bedeckt ist.
Zum Kochen bringen, auf milder Hitze etwa eineinhalb Stunden garen. Kapern, Zitronensaft und Schale sowie die Semmelbrösel unterrühren und wieder aufkochen lassen.
Vor dem Servieren die Lorbeerblätter entfernen.

Der Pfefferpotthast hat mit einem Hasen also nichts zu tun. »Hast« oder »Harst« kann mit geschmort übersetzt werden.
Der Pfefferpotthast wird mit Gewürzgurken und Roter Beete gegessen. Im Ruhrgebiet wurde er zum Teil mit einem Schuss Bier abgeschmeckt.
Henriette Davidis, die Verfasserin des legendären Kochbuchs »Man nehme«, empfiehlt als Fleisch kurze Rippe.

Brotsuppe

Für 4 Personen
200 g trockene Brotreste (auch Kanten)
150 g Rosinen
5 Nelken
½ Stange Zimt.
3 EL Zucker,
Salz
¼ l saure Sahne
3 EL süße Sahne
Saft von ½ Zitrone
1 EL Butter

Die Brotreste würfeln und in 1 Liter kaltem
Wasser 2 Stunden einweichen.
Die Rosinen auch einweichen.
Die eingeweichten Brotreste mit den Nelken
und dem Zimt gut durchkochen lassen
und anschließend durch ein Sieb
streichen.
Die eingeweichten Rosinen, Zucker und 1 Prise
Salz in die Suppe rühren noch einmal zum Kochen
bringen; aufpassen, dass die Suppe dabei nicht
anbrennt.
Zum Schluss die Sahne unterrühren und mit
Zitronensaft abschmecken.
Vor dem Servieren Butter in die Suppe geben.

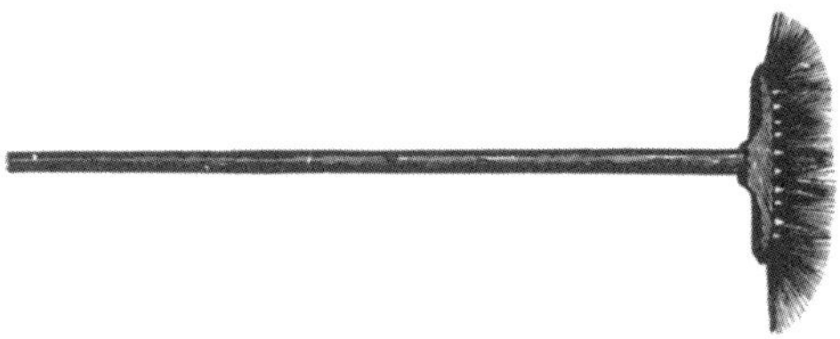

Im Ruhrgebiet hieß die Devise für die Brotsuppe:
Gut und reichlich, fett und herzhaft!

Eisbein mit Sauerkraut

2 Portionen Eisbein, jede etwa 500 g
1 mittelgroße Zwiebel
3–4 Nelken
1 Lorbeerblatt
schwarzer Pfeffer
750 g Sauerkraut
3 EL Schmalz
Wacholderbeeren
1 Kartoffel

Das Fleisch mit kaltem Wasser aufsetzen, nach dem Aufkochen abschäumen.
Die Gewürze beigeben.
Das Eisbein zum Garziehen auf kleine Hitze stellen; es darf nicht zu weich werden.
Die fein geschnittenen Zwiebeln in Schmalz durchschmurgeln.
Das Sauerkraut und etwas Eisbeinbrühe dazugeben und das Gemüse gar, aber nicht puddingweich kochen; dabei kochen die Gewürze und das Lorbeerblatt – je nach Geschmack auch zwei oder drei Lorbeerblätter – mit; die Lorbeerblätter werden später herausgenommen.

Im Ruhrgebiet wurden Eisbein und Sauerkraut mit Kartoffelpüree gegessen.
Die Kartoffeln für das Püree wurden mit einem hölzernen Stampfer, der aussah wie der Schlägel eines Bildhauers, zu Brei zerkleinert.
Im Ruhrgebiet, wo man die Kartoffel auch Ärpel nannte, hieß dieses hölzerne Küchengerät »Ärpelsdämpfer«.

Hausfrauen, die nach der Devise kochten »Auch das Auge isst mit«, kauften gepökeltes Eisbein, weil es nach dem Kochen nicht blass wurde, sondern schön rosig blieb.

Biersuppe

1 Liter Wasser
1 Zitrone
etwas Zucker
60–70 g Sago
2 Flaschen helles Bier

Wasser, Zucker und etwas fein geschnittene Zitronenschale zum Kochen bringen, den Sago hineingeben und auf kleiner Hitze glasig kochen.
Das Bier dazugießen und mit einer Prise Salz, Zucker und Zitronensaft abschmecken.
Die Suppe soll glühendheiß werden, doch nicht mehr zum Kochen kommen; das Aroma der Biersuppe wird sonst angegriffen.

Die Hausfrau, die es besonders delikat machen wollte, schlug sehr steifen Eierschnee, verteilte ihn zu kleinen Haufen auf der Suppe und bestreute sie mit Zucker.

Die Biersuppe war an kalten Wintertagen ein beliebtes Abendessen, weil sie den ganzen Körper ordentlich durchwärmte.

Zur Biersuppe gab es in der Familie meiner Großmutter eine Anekdote, die immer wieder erzählt wurde, wenn diese Suppe auf den Tisch kam:

Ein Onkel meiner Essener Großmutter, die aus Münster stammte, bekannt als ebenso strenger Katholik wie Antialkoholiker, bekam bei einem Verwandtenbesuch von seiner Schwägerin Biersuppe vorgesetzt. Er verzehrte sie mit großem Genuss und ließ sich auch noch einen Nachschlag geben. Als er von einer kessen Nichte darüber aufgeklärt wurde, was er da gerade gegessen habe, geriet er in Rage und fühlte sich hintergangen. Wenig später erzählte er die Geschichte empört einem befreundeten Kaplan. Da klärte der ihn lachend auf: »Wenn die Biersuppe fertig gekocht ist, hat sich der Alkohol längst verflüchtig!«

Also:
Keine falschen Hoffnungen
auf Biersuppe setzen!

Erbsensuppe

400–500 g ungeschälte Erbsen
250 g magerer geräucherter Bauchspeck
Suppengrün
1 Zwiebel
Kartoffeln nach Bedarf
Salz, Pfeffer
Majoran

Die Erbsen am Abend zuvor einweichen und mit dem Einweichwasser, der Zwiebel, dem Speck und nicht zuviel unzerschnittenem Gemüse nach einmaligem Aufkochen bei mittlerer Hitze garen. Die notwendige Wassermenge nachgießen.
In den letzten 20 Minuten kleine Kartoffelwürfel mitkochen. Den Speck herausnehmen, fein schneiden und wieder in die Suppe gegeben.

Sicher aus früheren Zeiten, als die Familien noch groß waren, stammt die Binsenweisheit, dass eine Suppe wie die Erbsensuppe am besten schmeckt, wenn sie für viele hungrige Mäuler in einem großen Topf gekocht worden war.
Einen großen Topf Erbensuppe kochte die Hausfrau auch, wenn sie am anderen Tag Großwaschtag hatte, also einen ganzen Tag lang in der Waschküche stand. Dann brauchte sie am Waschtag die Suppe nur wieder aufzuwärmen. Das war dem Geschmack nicht abträglich.
Im Gegenteil. Vom Sauerkohl der Witwe Bolte wissen wir:

Wofür sie besonders schwärmt,
wenn er wieder aufgewärmt.

Hausfrauen, die das Geld nicht so locker sitzen hatten, kochten die Erbsensuppe auch auf Speckschwarten.

Sauerbraten

750 g Rindfleisch
1 EL Fett
½ EL Stärkemehl
1 Tasse Essig
3 Tassen Wasser
1 Lorbeerblatt
2 Nelken
Pfefferkörner, Salz
1 Zwiebel
1 Möhre

Das Fleisch drei bis vier Tage in einer Marinade aus Essig, Wasser, den Gewürzen und der klein gewürfelten Möhre liegen lassen.
Das abgetrocknete Fleisch in erhitztem Fett anbraten, Gemüse mitbraten und mit etwas Marinade ablöschen.
Zugedeckt in etwa eineinhalb Stunden gar schmoren, das Fleisch von Zeit zu Zeit wenden, etwas Marinade oder, wenn es zu sauer wird, Wasser nachgießen.
Die Soße durchseihen und mit Stärkemehl binden.
Dazu Salzkartoffeln servieren.

Im rheinischen Teil des Ruhrgebietes (z. B. Duisburg) wurde der Sauerbraten auch auf rheinische Art zubereitet: mit Rosinen und Kartoffelklößen.
Um die Soße dunkel und würziger zu machen, wandten manche Hausfrauen einen Trick an. Sie karamelisieren etwas Zucker in einer Pfanne und gaben die Masse der Soße bei.

Dicke Bohnen

Für 6 Portionen:
300 g Schweinebacke
2 Wachholderbeeren
2 Nelken
1 Lorbeerblatt
750 g frische dicke Bohnenkerne
Bohnenkraut
300 g magerer Speck
2 Zwiebeln, Salz, Pfeffer
2 Bund Petersilie
750 g Kartoffeln

Die Schweinebacke in wenig kaltem Wasser mit Wachholderbeeren, Nelken und Lorbeerblatt auf kleiner Hitze etwa 30 Minuten garen.
Die Kartoffeln schälen und würfeln, mit den Bohnen und dem Bohnenkraut zur Schweinebacke geben und noch 30 Minuten garen.
Den Speck und die Zwiebeln unter die Bohnen ziehen und mit wenig Salz und Pfeffer abschmecken.
Das Gemüse ohne das Bohnenkraut in eine vorgewärmte Schüssel geben.
Die in Scheiben geschnittene Schweinebacke obendrauf legen und mit der klein geschnittenen Petersilie bestreuen. Dazu gibt es Salzkartoffeln.

Im Ruhrgebiet wurde das Gericht in weiten Teilen mit geräuchertem Speck gekocht.
Im westfälischen Ruhrgebiet, in dem noch Plattdeutsch gesprochen wurde, hießen die dicken Bohnen »Graute Baunen«.
Kam unverhoffter Besuch, ließ sich aus dem Dicke-Bohnen-Gericht schnell eine Suppe machen.
Für solche »Notfälle« gab es bei meiner Oma auf dem Überhandtuch in der Küche einen eingestickten Spruch:

Fünf sind geladen,
zehn sind gekommen.
Gieß Wasser zur Suppe,
heiß alle willkommen!

Panhas

Für 4 Personen:
3 Zwiebeln
2 EL Schmalz
250 g gemischtes Hackfleisch
250 g frische Leberwurst
250 g frische Blutwurst
1 TL Majoran
Salz, Pfeffer
1½ Liter Fleischbrühe (oder Wurstbrühe vom Fleischer)
1 Tasse Blut (beim Fleischer bestellen)
125–200 g Buchweizenmehl

Die Zwiebeln pellen und fein würfeln;
dann in dem Schmalz glasig schmoren.
Das Hack und die aus der Pelle gedrückte Wurst
dazugeben und anbraten, dabei öfter wenden; mit
Majoran, Salz und Pfeffer würzen.
Dann Brühe und Blut dazugießen,
kurz aufkochen lassen und
mit dem Buchweizenmehl andicken.

Man kann den Panhas warm zu Salzkartoffeln und Sauerkraut essen.
Man kann aber auch die Masse in eine Form geben, erkalten lassen und dann wie einen Pudding stürzen. Dieser Panhas-Pudding wurde in Scheiben geschnitten, in der Pfanne kurz angebraten und ebenfalls zu Salzkartoffeln und Sauerkraut serviert oder kalt mit Brot gegessen.

Im Ruhrgebiet wurde der Panhas noch in einem flotten Spruch verwandt. Wenn etwas misslungen war, sagten Leute, die zu vornehm waren, um den Spruch »Sch… am Stock« zu benutzen, »Panhas (gesprochen Pannas) am Schwenkmast«.

Soleier

Wer es zu Ostern etwas deftig mochte,
verzichtete auf das Eierfärben
(was zumeist mit Zwiebelschalen gemacht wurde)
und legte Soleier ein.
Die Eier werden 10 Minuten gekocht,
abgeschreckt, jedes Ei ein bisschen angeschlagen
und in einen Steintopf oder ein großes
Gurkenglas gegeben.
Dann wird eine Salzlake gekocht, die so stark mit
Salz gesättigt sein muss, dass ein
hineingelegtes Probeei oben schwimmt.
Nach Erkalten wird sie über die Eier gegossen.
Nach drei Tagen sind die Eier »reif«.
Spezialisten würzen die Salzlake noch zusätzlich
mit etwas Kümmel oder Zwiebelsalz.

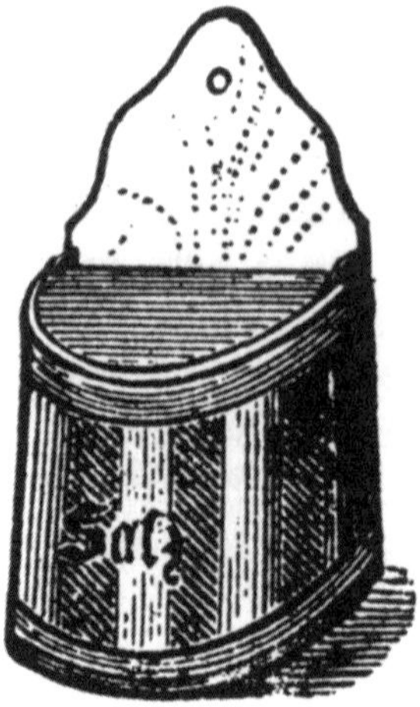

Der Kenner machte aus dem Soleiessen eine feierliche Handlung. Er schnitt das gepellte Solei in der Mitte durch, nahm vorsichtig das Eigelb heraus, gab etwas Pfeffer, Senf, Essig und Öl in das Eiweiß, setzte das Eigelb wieder ein und zerdrückte die so gefüllten Eihälften langsam und mit Genuss auf der Zunge.
Im Ruhrgebiet gehörte natürlich zum Nachspülen ein Schluck Pils dazu.

In früheren Zeiten war übrigens das Konservieren frischer Eier gar nicht so einfach wie heute.
Nur die reichen Leute hatten einen Eisschrank.
Elektrische Kühlschränke gab es noch nicht.
So wurden die frischen Eier in Gläsern haltbar gemacht, indem man das Glas mit der so genannten Wasserglaslösung auffüllte.
Das Wasserglas, das die Eierschalen »dicht« machte, konnte man beim Drogisten oder in der Apotheke kaufen.
Der Fachausdruck für das Wasserglas – der natürlich die Hausfrau nicht interessierte – ist übrigens Natriumsilikat. Das Natrium weist darauf hin, dass bei der Konservierung auch Salz mit im Spiel war.

Eingelegte Heringe

8 Salzheringe
2 mittelgroße Zwiebeln
10 Pfefferkörner
1 Lorbeerblatt
Senf- und Gewürzkörner je nach Geschmack
½ Liter feiner Essig
¼ Liter Wasser
1 große Prise Zucker
saure Sahne nach Bedarf

Heringe ausnehmen, köpfen und 24 Stunden wässern; dann rundherum häuten, entgräten. (Im Ruhrgebiet wurden die Heringe meistens wegen des würzigeren Geschmacks unentgrätet eingelegt.)
Heringe nochmals waschen und mit den in Scheiben geschnittenen Zwiebeln und den Gewürzen in eine Porzellan- oder Steingutschüssel legen.
Die Heringsmilch (Melcher) durch ein Sieb rühren und sie dann mit dem Essig und dem abgekochten, aber erkalteten Wasser in die Schüssel geben.

Delikater wird die Heringsmahlzeit, wenn man weniger Essig nimmt, auf das Wasser verzichtet und dafür saure Sahne zugibt.

Die Heringe werden, bevor man sie verzehrt, für mindestens zwei Tage zugedeckt kühl gestellt. Man isst sie mit Pellkartoffeln oder auch mit Bratkartoffeln.

Meine Oma hat die Heringe nicht als ganze Fische, sondern in handliche Stücke geschnitten eingelegt. Handlich ist das richtige Wort. Denn sie wurden aus der Hand gegessen. Man fasste das Stück mit Daumen und Zeigefinger, nahm einen kräftigen Bissen aus dem Rücken des Stückes und nagte dann das restliche Fleisch von den Gräten ab. Nachher galt dann ganz besonders der Spruch:

Nach dem Essen
Händewaschen nicht vergessen!

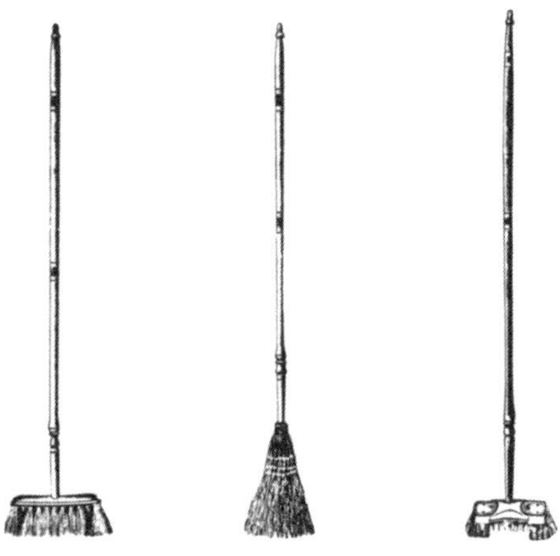

Schweinekotelett

4 Schweinekoteletts
Salz, Pfeffer
Margarine oder Pflanzenfett
1 Ei
Paniermehl

Die Koteletts werden gewürzt in Ei gewälzt, paniert und auf jeder Seite vier bis fünf Minuten gebraten. Man isst sie frisch aus der Pfanne mit Salzkartoffeln oder auch, zumeist als Abendessen, kalt mit Kartoffelsalat.

Im Ruhrgebiet hieß es »Kotelett mit Lenkstange«. Die Lenkstange war der Kotelettknochen, an dem man das Kotelett fasste, um es aus der Hand zu essen.
Für die Salzkartoffeln gab es keine Soße. Wer es mochte, bekam Bratfett aus der Pfanne über seine Kartoffeln gegossen.

Spiegeleier nach Henriette Davidis

In einer gescheuerten, sauberen Pfanne lässt man Butter heiß werden, schlägt die Eier behutsam hinein, so dass jedes Ei ganz bleibt, streut etwas Salz darüber und schiebt sie, wenn das Weiße dicklich geworden ist, ohne sie umzuwenden, auf eine Schüssel, schneidet den Rand glatt und richtet sie zu Spinat oder zu ähnlichen Gemüsen an.
Da ein wohl gelungenes Spiegelei keinen braunen Rand haben, auch unten nicht bräunlich aussehen darf, so ist es ungeübten Händen zu empfehlen, die Eier in einem Tiegel auf kochendem Wasser zu zubereiten. Auch kann man die Spiegeleier mit folgender Soße anrichten und sie als angenehme Abendspeise reichen:
Auf 4 Personen nimmt man etwa 2 Eier, 1 stark gehäuften Teelöffel Mehl oder Stärke, 1 große Obertasse Wasser, Essig nach Geschmack und so viel Zucker, dass der Essig gemildert wird.
Dies alles wird bis zum Aufkochen gerührt, ein halbes Ei dick mit Butter durchgemischt, über die heißen Eier angerichtet und die zugedeckte Schüssel einige Minuten auf eine heiße Platte gestellt. In einfacher Weise bestreut man die zierlich angerichteten Eier nur mit etwas gehacktem Schnittlauch.

Grünkohl

Für 4 Personen
4 Kochmettwürste, geräuchert
1 kg Grünkohl
Salz, Pfeffer

Grünkohl von den Rippen streifen, braune Blätter entfernen, dann gründlich waschen und gut abtropfen lassen, eine Stunde lang kochen.
Die Mettwürste werden 15 Minuten vor Garende mit in den Topf gelegt, mit Salz und wenig Pfeffer abgeschmeckt.
Man kann die Mettwürste vor dem Servieren in Scheiben schneiden oder auch ganz lassen.

Am besten schmeckt Grünkohl zu Bratkartoffeln. Viele Hausfrauen ziehen Kassler der Mettwurst vor oder richten den Grünkohl mit Kassler und Mettwurst an.

Jede Hausfrau weiß es: Der Grünkohl schmeckt am besten, wenn er im Garten schon Frost mitbekommen hat.

Steckrüben

Schmackhafter als die weißen Steckrüben sind die gelben. Sie werden dick geschält, wie Möhren geschnitten, gewaschen und in kochendem Wasser abgekocht. Sind sie weich gekocht, gibt man sie zum Ablaufen auf einen Durchschlag.
Unterdessen lässt man Kochfett oder stattdessen Nierenfett zergehen, gibt etwas weißen Pfeffer, Salz und wenig Wasser oder Fleischbrühe dazu. Das alles lässt man zum Kochen kommen, gibt die abgekochten Steckrüben hinein und lässt sie eine Weile gut durchkochen.
Beilagen sind Klops, Würstchen vom Schwein oder Rindfleisch-Frikassee.
Dazu werden Salzkartoffeln gereicht. Man kann die Steckrüben auch als Eintopfgericht zusammen mit den Kartoffeln kochen.

Die Steckrübe geriet im so genannten Steckrübenwinter 1916/17, als sie sogar als Brotersatz gegessen werden musste, in Verruf und verschwand weitgehends aus den Speiseplänen. In der Hungerzeit 1945 bis 1948 kam sie dann wieder zu Ehren. Heute gilt gegrillter Lachs mit feinen Steckrübenstreifen in Pernodsoße als Feinschmeckergericht.

Himmel und Erde

Für 4 Portionen
800 g Kartoffeln
Salz
4 sehr große Äpfel (800 g)
1 EL Zucker
1 EL Zitronensaft
400 g Zwiebeln
50 g durchwachsener Speck, geräuchert
200 ccm Milch
1 EL Butter
Muskat
400 g Blutwurst in Scheiben (jede 1 cm dick)

Die Kartoffeln schälen, waschen, vierteln und in Salzwasser garen. Die Äpfel schälen, vierteln, entkernen und mit Zucker und Zitronensaft auf kleiner Flamme gar dämpfen.
Die Zwiebeln schälen und in Streifen schneiden. Den Speck fein würfeln, knusprig ausbraten, die Zwiebeln darin hellgelb braten, dabei oft wenden. Die Kartoffeln abgießen, dämpfen und zu Mus zerstampfen. Milch mit Butter, 1 TL Salz und Muskat erhitzen. Nach und nach zu den Stampfkartoffeln geben und mit dem Schneebesen gut verschlagen. Abschließend die weichen Äpfel zufügen und gut verrühren.
Zwiebeln und Speckwürfel aus dem Bratfett heben, die Blutwurstscheiben hineinlegen und pro Seite 2 Minuten braten.
Himmel und Erde auf einer Platte anrichten, die Blutwurst darauf legen und mit den Zwiebeln bedecken.

Was heute für Kinder die »Pommes« sind, war zu meiner Kindheit Himmel und Erde, weil es vorwiegend süß schmeckte.

Mehlpuffer
(im Ruhrgebiet »Püfferkes«)

2 Pfund Mehl
2 EL Rosinen
¼ Liter Milch
5 Eier
1 TL Salz
1 Päckchen Hefe

Die Hefe mit einem Teil der Milch gehen lassen, das Mehl mit den restlichen Zutaten zu einem Teig vermengen.

Den Teig 1 bis 1½ Stunden gehen lassen (wie ein Hefeteig). Aus dem Teig werden Handteller große, dicke Pfannkuchen geformt und in einer Pfanne mit heißem Öl langsam gebacken.
Die Püfferkes werden zur Kaffeetafel gereicht.
Was übrig bleibt, wird gerne abends kalt gegessen.

Stippmilch

Man nehme hierzu recht dicke, saure, abgerahmte Milch, nehme einen Durchschlag, lege ein reines Tuch darin und gieße die Milch darauf. Nachdem sie ganz trocken abgelaufen ist, was etwa 24 Stunden dauert, gebe man sie in eine tiefe Schüssel, knete sie gut mit einem Holzlöffel und rühre dann etwas süßen Rahmen oder Milch durch. Dann schlage man sie durch ein Sieb und gebe den nötigen Zucker dazu.

Die Stippmilch darf weder zu dünn noch zu steif sein. Man gibt geriebenes Schwarzbrot, mit Zucker und Zimt vermischt, dazu. Man kann mit dem Schwarzbrot die Schüssel verzieren. Diese Stippmilch wird als Nachtisch gereicht.

Tortenboden
(Mürbeteig)

250 g Weizenmehl
1 Prise Salz
2 bis 4 EL Zucker
125 g Butter oder Margarine
1 Ei
1 Päckchen Vanillezucker
1 TL Backpulver

Mehl, Zucker, Vanillezucker, Salz und Backpulver in einer Schüssel vermengen.
Butter oder Margarine und Ei hinzugeben und die Masse zu einem festen Teig verkneten.
Der Teig wird in die ausgefettete Form geknetet und mit einer Gabel einige Male eingestochen.
Kuchenform mit dem Teig 30 Minuten kühl stellen, damit das Gebäck mürber wird und nicht schrumpft. Bei guter Mittelhitze anschließend 20 bis 25 Minuten abbacken.

Der fertige Tortenboden wird beliebig mit Obst belegt.

Auf einen Obsttortenboden gehört natürlich Schlagsahne. Die Hausfrau machte früher diese Sahne selbst.
Dazu wurde frischer Milchrahm in ein Einweckglas gegossen und ein Teelöffel mit hineingegeben. Das Glas wurde geschlossen und dann geschüttelt, im Ruhrgebiet »geschockelt«.
Das kenne ich noch aus meiner Kindheit.
»Da, schockel schon mal,« sagte meine Mutter, »aber mach mir keine Butter!« Überschritt man nämlich den Zeitpunkt, an dem die Sahne entstand, erschienen unten im Einweckglas Butterklümpchen und die Sahne war verdorben. Man hatte dann zwar Butter, aber eben keine Sahne, was ärgerlich war, wenn sich Besuch angekündigt hatte.

Hausfrauen, die sich auf das kitzelige Geschäft des Sahneschockelns nicht einlassen wollten, bereiteten einen schmackhaften Sahneersatz.
Dazu brauchte man:
1 Tasse Obstsaft – gut geeignet Stachelbeere, Kirsche oder Johannisbeere –, 1 Tasse Zucker, 1 Eiweiß. Die Masse wurde in einer Schüssel etwa 20 Minuten mit einem Schneebesen geschlagen, bis sie steif war wie Sahne.

Napfkuchen

250 g Süßrahmbutter
330 g gesiebtes Weizenmehl
250 g Zucker
70 g gehackte süße Mandeln
20 g gehackte bittere Mandeln
8 Eigelb
8 Eiweiß, steif geschlagen
etwas Zitronenabrieb
1 Prise Muskatblüte
1 Messerspitze Kardamon

Butter in der Schüssel schaumig rühren und nach
und nach das Mehl darunter geben.
Eigelb, Mandeln und Gewürze werden in einer
zweiten Schüssel schaumig gerührt.
Dann mischt man beide Massen zusammen
und zieht abschließend das steif geschlagene
Eiweiß darunter.
Eine ausgebutterte, möglichst tönerne Form mit
feinem Brötchenmehl ausstreuen, die
Kuchenmasse einfüllen und eine gute Stunde im
mäßig heißen Ofen backen. Stichprobe
mit dem Holzstäbchen machen.
(Es tut auch eine Stricknadel.)

Im Ruhrgebiet war der Napfkuchen der Kuchen
für den Familiensonntag.

Buttercremtorte

Der Rührteig

3 Eier
150 g Butter oder Margarine
110 g Zucker
200 g Weizenmehl
2 TL Backpulver
1 Prise Salz

Das Mehl mit dem Salz und dem Backpulver vermischen und portionsweise, immer abwechselnd mit etwas Flüssigkeit, unterrühren. Die Flüssigkeitsmenge richtet sich nach der Größe der Eier. Die gesamte Rührzeit soll etwa 5 Minuten betragen. Die so genannte Springform mit Butter oder Margarine leicht einfetten.

Die Backzeit beträgt je nach Höhe des Kuchens 50 bis 120 Minuten.

Buttercremtorte

Die Buttercreme

400 ml Milch
100 g feiner Zucker
3 Eigelb
200–250 g Butter
1 Päckchen Vanille-Puddingpulver

Aus Milch, angerührtem Puddingpulver und 50 g Zucker einen Vanillepudding kochen. Den warmen Pudding mit dem Eigelb legieren, zugedeckt auf Zimmertemperatur abkühlen lassen, anschließend passieren. Die Butter mit dem restlichen Zucker schaumig schlagen und teelöffelweise den Pudding hinzufügen.

Buttercremtorte

Buttercremetorte war weder ein Weihnachts- noch ein Osterkuchen. Sie kam nur bei besonderen Gelegenheiten auf die Kaffeetafel:
bei hohen Familienfesten wie Hochzeit, Jubiläumshochzeit, Erstkommunion, Konfirmation oder wenn zum Geburtstag oder Namenstag sich viele Gäste angesagt hatten.
In mageren Zeiten oder in Familien mit schmalem Geldbeutel wurde die Buttercreme mit Margarine gestreckt.

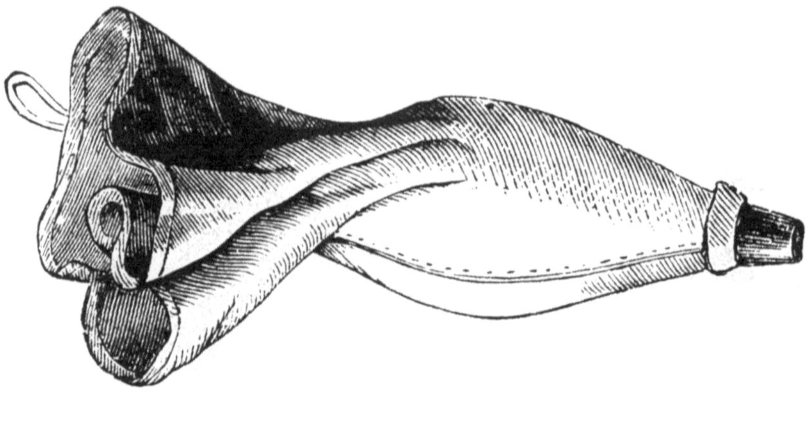

Spannend war immer die Verzierung der Torte.
Das machte die Hausfrau mit einem leinernen
Spritzbeutel, der tütenförmig geschnitten war und
in dessen Spundloch am unteren Ende die kleine
Spritztülle eingeführt werden konnte. Sie war aus
Metall, verjüngte sich nach unten kegelförmig und
hatte wegen des Verzierungsmusters einen
gezackten Rand. Dann kam die Buttercreme in den
Beutel. Die Hausfrau hielt ihn mit der linken Hand
oben geschlossen und drückte mit der rechten die
Creme durch die Spritzform.
So machte es meine Mutter, und der Beutel
bescherte mir zu Beginn und am Ende
der Spritzprozedur einen süßen Genuss.
Zu Beginn prüfte meine Mutter, ob die Creme auch
in gewünschter Weise aus der Tülle austrat, bevor
sie mit dem Verzieren der Torte begann.
»Helmut, mach mal den Mund auf!«
Und am Ende durfte ich mit einem Teelöffel die
Reste aus dem Beutel kratzen.

Heute hat der ebenfalls mit Buttercreme gefüllte
und verzierte Frankfurter Kranz
die traditionelle Buttercremetorte
weitgehend verdrängt.

Henriette Davidis

Henriette Davidis, die – wie schon erwähnt – auf der südlichen Ruhrseite 1801 geborene Verfasserin des legendären Kochbuches »Man nehme ...«, führte eine »Mädchenarbeitsschule« in der Nachbargemeinde Sprockhövel. Das Haus existiert noch und steht unter Denkmalschutz. Das war keine Schule für höhere Töchter. Davidis lehrte zwar dort auch die feine Küche, vor allem aber die gewöhnliche Küche.

Die Pfarrerstochter schrieb das Kochbuch zunächst als Lehrbuch für ihre Schülerinnen. In dem Buch »Westfälische Köpfe« von Dr. Wilhelm Schulte heißt es an einer Stelle:
»Es waren die unerfreulichen Erfahrungen mit den zukünftigen Müttern in der aufkommenden Industriebevölkerung (des Ruhrgebietes), die die junge Erzieherin (und Pfarrerstochter) drängten, ihre Kochkunst in einem Kochbuch für den Volksgebrauch darzustellen.«
In einer Neuauflage des Buches aus dem Jahr 1913 gibt es einen Hinweis, den wir hier zitieren:
»... muss ein gutes Kochbuch berücksichtigen, der Resteverwertung als einem besonders wichtigen Zweig der Kochkunst eingehende Beachtung zu schenken«.

Und geschickte Resteverwertung war sicher etwas wert in den kinderreichen Arbeiterfamilien des Ruhrgebiets. Nun ist eigentlich nicht anzunehmen, dass viele Arbeiterfamilien im Ruhrgebiet in der Mitte des 19. Jahrhunderts das Kochbuch der Meisterköchin aus Wengern besaßen. Aber anzunehmen ist, dass die von der Arbeit im Haushalt und in der Waschküche geplagten Mütter selbst gewusst haben, wie man aus Resten schmackhafte Gerichte für die große Familie auf den Tisch bringen konnte.

Einfühlsam schreibt Henriette Davidis in der Einführung zu ihrem Kapitel über Resteverwertung:
»Nichts umkommen zu lassen, ist von jeher der Grundsatz der sparsamen Hausfrau gewesen. Gegen die Verwendung der Speisereste zu neuen Gerichten ist nun schon der Einwand erhoben worden, dass es besser sei, keine Reste zu haben. Dieser Einwand aber setzt die Speisung der Menschen auf gleiche Stufe mit der Fütterung der Tiere im Zoologischen Garten, denen man genau so viel Nahrung vorlegt, als sie erfahrungsgemäß bedürfen.«
Hier einige Rezepte aus Henriette Davidis' Vorschlägen für die Resteverwertung.

Braune Suppe von einem Hasengerippe oder andern brauchbaren Knochen

»Man entferne von jedem der zu benutzenden Gerippe vorerst das noch vorhandene Fleisch, wiegt es fein und verrührt es mit ausgedrücktem Weißbrot, etwas Butter (oder Margarine), einigen Eiern, Salz, Pfeffer, Muskatnuss und formt aus dieser Masse kleine Klößchen, die man hernach in der fertigen Suppe kocht.
Das Gerippe wurde inzwischen möglichst fein gehackt, in Butter (oder Margarine) mit zerschnittenem, trockenem Schinken, Zwiebeln, Möhren, Petersilie und einer Sellerieknolle angebraten, einige Esslöffel Mehl mitgebräunt und so viel kochendes Wasser mit etwaigen Saucenresten hinzugefügt, als man Suppe braucht.

Man kocht die Suppe zwei Stunden, gibt sie durch ein feines Sieb, so dass die kleinen Knochenteilchen zurückbleiben, gießt sie langsam in den Topf zurück, kocht die Klöße gar, kräftigt die Suppe mit gekörnter Fleischbrühe und würzt sie mit Pfeffer und Salz.
Hatte man kein Fleisch mehr am Gerippe, so muss man die Suppe mit braunem Mehl dicken oder Grießmehlklößchen in der Suppe gar kochen.

Man kann in einfachen Küchen das Abbraten der Knochen unterlassen und diese nur recht lange und langsam mit Wasser, Salz und reichlich Suppengrün auskochen. Auf jeden Fall ist dann aber der Zusatz von Maggiwürze, auch von Maggis gekörnter Fleischbrühe wünschenswert.«

Es ist anzunehmen, dass die letztere Variante dieses Restegerichtes für die Arbeiterfamilie im Ruhrgebiet die geeignetere war. Denn: Wann kam dort schon einmal ein Hasenbraten auf den Tisch? Höchstens ein selbst gezogener Stallhase. Und die Zubereitung der ersteren Variante kostete doch wohl sehr viel Zeit, über die die Großfamilienmutter sicher nicht verfügte.

Da waren die beiden nächsten Rezepte schon eher brauchbar für die Küche der Arbeiterfamilie.

Gebackene Sauerkrautreste

»Diese geben eine gute Speise, die mit Brühwürstchen serviert wird. Man kocht Kartoffeln, schält sie, reibt sie nach dem Abkühlen und dämpft die Kartoffeln in Butter (oder Margarine) und etwas Sahne durch, dass sie leicht geschmeidig werden. Dann füllt man eine Auflaufform schichtweise mit Sauerkrautresten und Kartoffeln. Zuletzt verquirlt man ein viertel Liter saure Sahne, drei Eigelb und drei Löffel geriebenen Käse nebst Salz miteinander, schüttet dies über die letzte Schicht, die aus Sauerkraut bestehen muss und bäckt das Gericht goldbraun.«

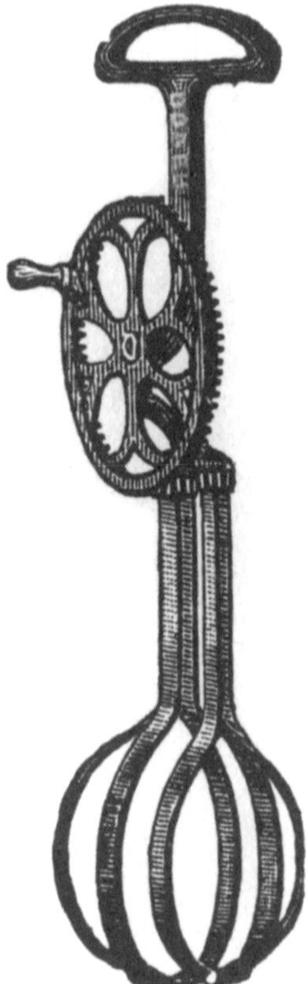

Kartoffelberg von Überresten

»Reste von mehligen Salzkartoffeln sowie allerhand kleine Fleischreste benutzt man für dieses Gericht. Von den Fleischresten bereitet man ein Ragout, welches mit Maggiwürze gewürzt wird und sehr dick gehalten werden muss.
Die Kartoffeln reibt man indessen, rührt die Kartoffelmasse mit etwas Butter (oder Margarine), einigen Eiern und einigen Löffeln Fleischbrühe über dem Feuer heiß und würzt mit etwas Pfeffer. Man streicht nun die Kartoffeln bergförmig in eine eingefettete Schüssel, nimmt aus der Mitte dann behutsam so viel wieder heraus, dass eine tiefe Öffnung für das Ragout entsteht, legt das Herausgenommene als Deckel über dieses, bestreut den Berg mit Käse und bäckt ihn goldbraun.«

Henriette Davidis lehrte in ihrem Buch ihre Schülerinnen auch die Kunst des Serviettenfaltens. Dort gibt es vielfache Beispiele mit exakt vorgezeichneten »Konstruktionsbeispielen«.
Nun, das Falten der Servietten, wahrscheinlich aus feinem Damaststoff, wurde in den begüterten Häusern bestimmt den hier beschäftigten Mamsells überlassen. Dass die Mädchen damals bei dieser Arbeit auch Küchenlieder gesungen haben, darf man mit Bestimmtheit annehmen.